AF397244

Mauri Laakkonen

Yhdessä kohdassa elämää

runoja

Runojen valinta 2022 tuotannosta

Kirsti "Cille" Jokiaho

© 2023 Mauri Laakkonen

Kustantaja: BoD – Books on Demand, Helsinki, Suomi

Valmistaja: BoD – Books on Demand, Norderstedt, Saksa

ISBN 978-951-56-8208-6

Johdanto

Runot ovat kirjallisuuden laji, jossa lyhytsanaisesti sanotaan paljon ja merkityksellisesti.

Kun aloitin runojen kirjoittamisen syksyllä 2014, en arvannut millaisen sanojen tsunamin se toisi mukanaan. Olen julkaissut lähes 30 teosta, joista kolme yhteishankkeina kuvataiteilijoiden ja nimeäni kantaviin kirjoituskilpailuihin 2016 ja 2017 osallistuneiden kanssa.

*Tämän **Yhdessä kohdassa elämää** teoksen runot on valinnut hyvinkääläinen ystäväni ja vuosien takainen naapurini **Kirsti "Cille" Jokiaho** vuoden 2022 tuotannosta, kahlaamalla läpi runsaat 300 runoa, josta hänelle lämpimät kiitokset.*

Mauri Laakkonen

Kotoni rakkain

*Punaiseksi värjäytyi taivaani
keltaisten kukkapeltojen yllä
laskee hehkuva aurinko
sinisyyden saapuvaan.*

*Odotin iltatähteä syttyväksi
suunnan näyttäjäksi kotiin
vaan sammunut se oli
piiloutunut synkän pilven taa.*

*Jätin kotiviirin salkoon
nyt yön yli se siellä olkoon
rakkaudesta mantuihini kertokoon
siihen, mihin kotini rakentanut oon.*

Rakkauden kainaloon.

Eihän tartte

Eihän sen tartte
täydellinen olla
ollakseen hyvä.

Hetki sitten

Vielä hetki sitten

itkin ilon kyyneleitä
nyt surun, kysyn
    mikä vaivaa heitä
jotka kulkevat tuhon teitä
synnyttäen viattomia enkeleitä

Vielä hetki sitten
luotin hyvään tahtoon
nyt kadun.

katson pahaan ja julmaan
sydän täynnä tuskaa
katson raadeltuja, olemustaan

Vielä tulee aika
että kansat hyvään kypsyy
kasvaa laiho peltovainioilla
ja rauha ukset avaa
tuntemasta kaunaa, vihaa
kun sodat taukoaa

Uskoa, toivoa

Vieläkin soittavat viulut
kirkuvat pelon sireenit
soraääniä kaiuttavat
pelosta äänet karheat
kuiskaukseen taipuvat

Sylkee maailma tulta
tulivuorten laavaa polttavaa
tuhon tuhkaan jäljet peittävät
ovet lukitut, suljetut elämät
kohtaloaan surevat

Kaukaa jylyn takaa
hyrisee maaginen hymni
isoveli murhetta jakaa
uskoa, toivoa, sodan takaa
rauhan lähettiläät käyvät matkaan

Vaikutus, merkitys

Yhdessä kohdassa
elämää, toinen sivuaa
koskettaa sanoillaan
tunteita pintaan nostattaa

Toisessa kohdassa
toinen kuuluu elämään
tuo turvaa, onnea tullessaan
rakkautta tulvillaan

Niin moni matkallaan
kahden ja yhdessä kohdataan
kukin merkitys kerrallaan
elämän kartalla on paikallaan

Kaikki kuljemme
matkan tämän, oman elämän
sen aikana paikkamme muovataan
vaikutus, merkitys ajallaan

Yksin, kaksin tai joukossa
olemme toisillemme merkkinä
kullakin sydämen matkassa
tunteiden aarteita

Olen se

Olen se hiljainen poika
joka katselee nurkkapöytää
paetakseen suurinta pöhinää

Olen se ujo mies
jolla ei ole asiaa
jokaiseen aiheeseen

Olen se unohdettava vanhus
hän, joka halusi olla rauhassa
ja katsella elämää syrjästä

Olen se onnellinen ikäloppu
jolle elämä on tutkimusmatka
omaan itseen kulkien luonnossa

Olen se yksi elollisten joukossa

Runoksi kutsuit

Sekin ajatus, jonka hylkäsin,

pyrki takaisin.

Muistan, että kaunis, se,

josta kysäisin,

ei ole koskaan valmis.

Runoksi lausuit,

runoksi kutsuit,

runoni,

sanojeni jono.

Ei ole valmis

Todellinen

Sinä tulit

ja kurkistit minuun

pintani alle katsoit

kuvajaistani

ja kuitenkin

paljon syvemmältä

löytäisit todellisen

Mitä olen

Mitä,

mitä jos,

mitä jos sittenkin,

mitä jos sittenkin olen,

mitä jos sittenkin olen hän,

mitä jos sittenkin olen hän hänelle,

entä jos sittenkin olen minä

entä jos olen minä

mitä olen minä

mitä olen

mitä minä olen

olen mitä olen

minä olen

Kaikki tekevät

Ei yksin tai kaksin

vaan kaikki

tekevät hyvästään pahan

virheiden kautta tahtomattaan

kompastuvat mokiin

joita ei luulisi tapahtuvan.

Uivat haavaiset

Niin vähän tiedän taivaasta

niin vähän illan hämärästä

ja tähdistä

joita on miljoonamäärin

minä uneksun

joskus lentäväni niiden matkaan

sitten kun on aikani.

Kevät

Hymynkare suupielessä

pikkuvirneen ryppy silmäkulmassa

ja tukka sekaisin tuulessa

ennakoi kevään jälkeistä kesää

Tuhansin ne kasvavat

vihrein latvoin kurkkivat,

kun avaat luonnonikkunat

kuulet laulut, kukunnat.

Kevään äänet riemuisat.

Saisinko nauttia

Tarvitseeko näköinen olla

kun tuntee olevansa olemassa

pitääkö täyttää annetut kriteerit

kun omissakin on täyttämistä

saisinko nauttia siitä

mitä olen

Tässä ja nyt

Rantaasi käyn, taivas
pilvetön
   Keitaallesi istun, yö
     kuuton

Vuoteessasi uinun, lehto
lauluton
   Raukeudesta herään, rakkaus
     levoton

Kaukaisuuteen kaipaan, tähdet
rinnallani
   Tässä ja nyt, elän
     elämääni

Paljon ei mitään

Kaiken paljouden keskellä
ei ole mitään

vaikka haalimme paljon
on vain tyhjää

elämisen jätteitä kaikkialla
mätänemässä hiljaa

lemuavat jättämämme läjät
mikromuovit soluissamme

Lapseni

Ei minun lapseni
ei vielä
ole
noin suuri

syntyi äsken,
ihan äsken
äsken vasta
on pieni

kuusikymmentäkö?

ei
syntyi äsken vasta
lakkasin imettämästä
    lapseni on vauva
    syntyi äsken vasta

kysyin neuvolasta
kangasvaippojen taitannasta
miten paras tulisi kapalosta

tuttipullo on lasia
miten välttäisin rikkomasta
kun lämmitän kattilassa

pienokaiseni syntyi vasta
kieltävät hourehtimasta
eläkevaaria
vauvaksi kutsumasta

Kesäaamu

Ah aamun suloa
tyyntä hiljaisuutta
nouseva valo
kuvajaisen lumo

Hiljaa keinuvat kaislat
odottavat
korennon lentoa

Vielä tovin
kelluu usva
se kurottuu korkeuksiin
päivän kämmenillä

Ja taivas hehkuu sineä
lempeänä suojaa
alkavaa päivää
kuin lintuin kotia

Katso kallioiden suuntaan
tänäänkin
odotat vieraita

Onnellisuus, tunnetko?

Tunnetko

kuinka ilo hiipii sydämeen
kuinka se kuplii riemuksi
ja saa hymyn huulille

Tunnetko
kuinka hyvältä tuntuu onnellisuus
kun huolen häivät väistävät
ja valtaa suloinen läheisyys

Tunnetko
kuinka ympärilläsi kaikki loistaa
kuinka tarttuu hyväntuulisuus
lähes rakkaudeksi muuttuu

Tunnetko
miten lämpimästi kulkevat ajatukset
miten ymmärrys tykö saapuu
ja kietoo ajatukset hyvän syliin

Tunnetko?

Aina poika

Kasasi elämä päälleni taakan

vuoren vuosia

yhden kerrallaan

siellä kymmenten alla

on yhä ujo pieni poika

joka oppinut on konstit monet

kalastellut kiisket, lohet
onkinut esiin salaisuudet
avannut ja sulkenut ovet
  ikkunoista ulos kurkistellut
    auringonvalossa kylpenyt
pimeään piiloutunut, kadonnut
toivoo elämään lykkyä nyt
kun on vuosi taas lisinyt
sekin edellisestä lyhennyt

Kuumuudessa

Lämmön villapaita
kääri minut kesään
Olin kuin linnunpoikanen
lämmöstä tuiki onnellinen

Jokin on muuttunut iän myötä
kuumuutta olen nyt paennut
Poikasesta kasvoin aikuiseksi
kaipaan vilvoitusta

Helteestä olen lähes kärsinyt
ja variksen lailla vaakkunut
Litkinyt vettä, mehua, kaljaa
nostellut laseja kuin kärsimysmaljaa

Helpotusta hikisyyteen etsinyt
avaa sanallisen arkun nyt
Eihän Suomi-poika
valittamatta jaksa

Siipi maassa olen kuumuutta manaillut
toivonut, kunpa loppuisi helle nyt
....vaikka turistina Espanjassa
olen kuumuudesta suuresti iloinnut

Ajan hammas

Lempeästi katson
rakoa piha-aidassa
irronnutta naulaa
halkeamaa laudassa
kaikki aikanaan hajoaa
puuosat vähitellen lahoavat
kuluttaa ajan hammas

Muistot katoavat

Elävien muistojen saari

keskellä aavaa dementiaa

kaipausta, apatiaa

ja pieni viiru toivoa muistaa

yhtä hetkeä onnellista

ruusujen tuoksumeren huuma

kaivelee viekoitellen ollutta

nostaa esille kuuman kesän ja yön

jossa mehiläiset jo nukkuivat

kun kaksi rakastavaista
lipui onnellisten satamaan
   nousee hiipuva, hämärä muisto
yhä sytyttää hymyn huulillaan
suurta rakkauttaan muistamaan

Sammuvat valot
syttyy jälleen kaipaus
vaiti seilaa unohduksen alus
vie mukanaan muistot

Tutkivat

Viilsivät puukoin, veitsin, kehoni lihaa
etsivät, tonkivat syitä ja solujen vihaa
niitä, jotka pirstovat terveitä tieltään
niitä, jotka ahmivat voimat elävästä

Paukahtivat kehoni luiset raamit
rintalastani piiloja tutkivat kourin

Löysivät etsimänsä

Kursivat umpeen raadellut reiät
tikkasivat solmuin ja rusetein
kertoivat, pois sulavat, ja toivun
näen kevään, kesän ja koivun
kuinka syksyllä
lehdet katoavat puolestani
ja saan kenties nähdä talven
uuden kevääni, jossa
peipposet pihapuussa laulaa.

Lakeus

Lakeus hyväilee silmiäni

imee etäisyyttä itseensä

kaukana sinisyyden rajassa

pilvet kohoavat korkealle

elokuisten viljapeltojen ylle

sinervän udun alla

kellervät vainiot

kesän viimeinen kuiskaus

Kuinka hiljaa onkaan avaruus

kuinka lempeästi huuhtoo lauha tuuli

kuinka perimä velloo ikionnessaan

loputonta rakkautta

Suljen silmäni
    avaan ja näen
        peninkulmien päähän
näen kuinka sydämeni ui
tahtoen kyntää rakasta maata
    tahtoen palata
    etsiä löydetty
        yhä uudestaan

Siniset lähteet

Katson vuodettasi
sijaamatonta sijaa
auringonvalon leikkiä lakanoilla
hymyn ryppyjä silmäkulmissasi
ja silmiä
kahta sinistä lähdettä
joissa tanssivat ilon säteet
katseeni ei löydä askeleita
tuijotan riemun meren liplatukseen
ryppyisiä lakanoita
ja lähteiden reunalla
räpsyviin ripsiin

Katumus

Luotaan työnsi
kuin myrskytuuli
poies karkotti
synkin ilmein rakkaan

polki sanoin armaan
lokaan tahtomattaan
itkun sekaan yhä kylvi
manauksia lakkaamatta

ei kaivanut taskustaan
nenäliinaa poskia kuivaamaan
kyyneltyneitä silmiä ilkkui
vihastuneen punassa

härkänä mylvinyt laantui
viimein ajan kulumasta
katui sanojaan kauheita

Syyti sanoja

Sanoit minua sieväksi

minä peilikuvaani rumaksi
kuvaani tuijotin liiaksi, ehkä
olen tyytyväinen lopuksi

Sitten saapui siloposki hanhi
iloisesti kaakattavia parvi
joiden sekaan ei edes ajatukseni mahdu
on pakko paeta, ääntä ja kauneutta

Tuijotin, myönnän, tuijotin erästä soreaa
avasi suunsa ja syyti sanoja
rumeni puolella

Katsoin kumaraista mummoa kadulla/
vaivoin jaksoi enää liikkua
paistoi huoli kasvoilla, halusi keskustella
elämä näkyi kasvoilla, kauniina

Sama matka

Tiedänhän minä
että pienet kätesi
suuriin piiloutuvar,
ja että pienet jalkasi
saman matkan kulkevat

Tyyntä

Korkealla
sininen taivas
ja yksi
valkoinen pilvi
hitaasti kiiruhtamassa
tyynen meren yllä

Maininki
käy rantaan
jolla yksi
yksinäinen turisti
hartaasti katsomassa
veden vaisua liikettä

Muistan

Muistanhan minä sinut
muistan ja todeksi tunnustan

en sinua hevin unohda
en sitä suurta odotusta,
kun saavuit lopulta

on meillä kaikilla
aikamme historiassa

Satuttaa

Syvästi satuttaa
viiltää sielun haavoille
kun polkee historia
arvoja tunkiolle
saattaa häpeään
ihmisrodun
joka sivistyksellä retostelee
ylpeilee ahneudellaan
jonka tavoite on lopulta
tuhota koti, maapallo
kauneudellaan lumoava
elävä planeetta

Loppuun asti

Sinisilmäisyyttäkö syyttäisin
omasta tyhmyydestä
jonka syntymälahjana sain.

Päätäni isken kaikkiin kiviin
tämän tästä
ovat asettuneet tielleni riviin.

Jopa uniin sataa kivirivi
kertomaan elämästä
pahkikuljettu on sekin voittorivi.

Ihailuni suuri kohde kivi
jääkauden tielleni vierittämä
seisoo mäntykankaalla tukevasti.

Loppuun asti.

Jos

Jos maailmani

menisi ylösalaisin, kääntyisi

nurinperin, kiskoisin

pystyyn, kaksin käsin

yrittäisin ainakin itseni saada

uskomaan voimaani

sitkeyteen, syntymässä saatuun

jotta tolpilleni selviäisin

Pidetään sitten ne juhlat

Valta

Unelmoituna valta
maistuu hunajalta
koettuna
kenties katkeralta

Kade

Ainoan itseni

oivalsin

käyneen esimerkkivarkaissa

kadehtimansa elämässä

vakoilemassa

hyvän tuurin syytä

ahnehtimassa

keinoja

Muistaa koitan

Suruani minä ikkunaasi soitan
tuuditan lintupuun kevyitä oksia
kaiken kauniin muistaa koitan
kun tulvii kevät orvokin kukkia.

Käyn hiljaa tietäni, mietin
ajatusten liuku kuljettaa pois
sinisen vaaran rinnettä pitkin
missä kauas katsella vois.

Aukeavat

Solmut
tiukimmatkin
aukeavat

Langat, narut, köydet
vahvimmatkin
katkeavat

Kahleet
katalimmatkin
murtuvat

....kun koskettaa
rakkaus

Aikaisin myöhässä

*Kun rientää
enemmän kuin ehtii
saapuu perille aina
myöhässä
    liian aikaisin
seuraavaa kertaa
ajatellen*